A LA JUSTICE ÉCLAIRÉE

DU CONSEIL DES ANCIENS,

LES NAUFRAGÉS DE CALAIS.

Toujours il a existé en France un contrat entre le malheur et la générosité ; et ce contrat si saint, c'est dans le projet de nous perdre qu'il a été violé. Nous offrons l'exemple du malheur accusé et mis au niveau du crime.

Des Naufragés, des hommes dont la position faisait (toute qualité mise à part) des êtres au moins impunissables, ont été envoyés en jugement, en jugement militaire, privés du bénéfice d'un jury, enfin jugés dans l'absence des formes protectrices de tout ce qui est homme. Ils ont essuyé les horreurs d'une telle instruction, ils ont marché sur ce fer ardent, et ont été acquittés. Ce jugement est du 9 nivôse an 4; et depuis quarante-deux mois ils demeurent détenus, cherchant inutilement un point entre l'absolution et la liberté. Iraient-ils même beaucoup au-delà du vrai, en disant que déjà on leur a fait subir une série de morts depuis leur absolution? A ce moment encore ils gémissent dans les casemates de la citadelle de Lille, où on les a comme enterrés il y a six mois.

Le 14 floréal un ordre y est arrivé de les en retirer, pour les placer dans un local plus salubre de l'enceinte de cette même citadelle; mais les généraux commandans de la place s'étant opposés à son exécution, cet ordre de justice et d'humanité a été suspendu, et bientôt rétracté.

Pour éteindre le si juste intérêt qu'inspire le seul nom de *Naufragés*, et les dépouiller de l'inviolabilité que tous les peuples y ont attachée, le rapporteur du projet de la résolution prise par le conseil des cinq-cents les appelle *des individus connus sous la désignation d'émigrés, se disant échoués à Calais.*

S'il pouvait être permis de lui faire une réponse directe, on lui dirait : Commencez par rendre la vie aux infortunés qui l'ont perdue dans ce naufrage, dont les murs de Calais racontent encore l'horreur, ou prouvez qu'ils n'ont pas dû périr, et qu'ils sont de *soi-disant noyés.*

Que penseriez-vous d'un homme qui, à la vue de cinquante malheureux frappés de la foudre, ferait un discours pour prouver que le tonnerre n'est pas tombé ? Y aurait-il beaucoup de gens séduits par cet orateur-là ? Une remarque qui sera difficilement négligée, c'est que ce rapporteur nie le naufrage en faisant le rapport du message qui en convient ; et comment en venir à nier un naufrage, sans fausser son esprit, sa conscience et sa raison ?

« Nous, administrateurs municipaux du canton de Calais, at-
» testons que les Naufragés jugés par une commission militaire
» le 9 nivôse an 4, ont été jetés sur nos côtes le 23 brumaire
» précédent, à la vue de notre commune, par une tempête qui
» brisa deux de leurs vaisseaux, et qu'une partie de ceux qui
» les montaient périt dans ce naufrage : en foi de quoi nous avons
» signé, pour servir ce que de droit.

» Calais, le 11 prairial an 7.

» L. Michaud. Duval. H. J. Blauquau. Fr. Horrace. »

Restituons donc le texte, et disons, avec trop de vérité, *Les Naufragés de Calais.*

Le 24 brumaire an 4, une tempête affreuse fit échouer sur cette côte trois navires danois, qui portaient des troupes à la solde de l'Angleterre. Deux périrent : le troisième fut sauvé.

Dans les deux bâtimens qui furent fracassés, il se trouva, parmi les individus qui abordèrent à la nage, des hommes de plusieurs nations, Allemands, Français, Hongrois, Hanovriens, faisant partie d'un corps destiné pour les Grandes-Indes. L'humanité des habitans les recueillit tous, et ils furent conduits dans les prisons de Calais, alors même qu'ils cherchaient à s'éloigner de la France.

Qu'il renonce à rencontrer jamais dans la nature une force majeure, celui qui prétendra que ce n'en était pas une, et peut-être la plus insurmontable de toutes.

Compte en fut rendu au gouvernement; et, d'après ses ordres, les Français furent renvoyés à une commission militaire, au nombre de cinquante-trois. Ce renvoi fut motivé sur l'article 7 du titre 5 de la loi du 25 brumaire.

De l'interrogatoire et des pièces produites, il est résulté que ces trois vaisseaux, *neutres* et marchands, avaient pris au port de Stade, pays, d'Hanovre, des parties de deux légions levées dans ce même pays à la solde de l'Angleterre, et dès-lors comprises dans la neutralité du nord de l'Allemagne.

Il est également résulté que ces deux légions, composées d'individus de toutes les nations, et sur-tout d'Allemands, portaient la cocarde noire, avaient l'uniforme et le commandement allemand.

Un de ces corps tirait son nom de son commandant; et sa capitulation, qui a été soumise à la commission militaire, portait qu'il serait employé au Canada, ou aux Grandes-Indes, et jamais contre la France (condition qui avoit décidé leur engagement). Enfin ils étaient désarmés, sur vaisseaux *neutres* et marchands, sans aucun de ces signes, de ces emblêmes que portent chez nos ennemis les Français armés contre leur patrie.

Après l'examen le plus exact et le plus solemnel, le 9 nivôse an 4, la commission militaire rendit la décision dont voici le texte :

« Considérant, 1.° que les individus nommés *n'ont point été* » *pris, mais sont naufragés ;*

» 2.° Qu'ils ne faisaient point partie des rassemblemens armés » ou non armés ;

» 3.° Qu'il n'est point *prouvé qu'ils aient fait partie* desdits » rassemblemens ;

» 4.° Qu'ils n'ont point été pris, soit sur les frontières, soit » en pays ennemi, ou dans celui occupé par les troupes de la » république ;

» 5.° Que rien *ne prouve* qu'ils aient été précédemment dans » les armées ennemies, ou dans les rassemblemens d'émigrés ;

» 6.° Qu'ils n'ont point été trouvés saisis de congés ou passe- » ports délivrés par les chefs français émigrés, ou par les com- » mandans militaires ennemis ;

» 7.° Qu'ils naviguaient sous pavillon *neutre ;*

» 8.° Que, par la *capitulation représentée*, ils s'étaient solem- » nellement engagés à ne point servir contre la France, et que » leur destination était pour les Grandes-Indes ;

» Que par conséquent ils ne sont dans aucun des cas prévus » par l'article 7 de la loi du 25 brumaire,

» Les renvoie par-devant les tribunaux criminels du départe- » ment de leurs domiciles respectifs, conformément à l'article 10 » du titre 7 de la loi sus mentionnée.

Ici il est bien à remarquer que, suivant cet article 7, lorsqu'il s'agit d'établir des commissions militaires, il y a un double délit; qu'elles ne peuvent prononcer que sur un seul, et dire que les prévenus ont ou n'ont pas porté les armes contre la république ; qu'elles ont à prononcer sur les faits militaires seulement, et que lorsqu'elles déclarent que les prévenus n'en sont pas coupables, elles doivent, malgré cela, les renvoyer au tribunal - criminel de leur département, pour statuer sur le second délit, c'est-à-dire sur l'infraction ou la non infraction de leur ban, et sur l'émigration simple.

Rien donc de plus légal que le jugement de la commission militaire; et il ne s'agissait que de renvoyer les cinquante-trois Naufragés par-devant les tribunaux criminels de leurs départemens, pour y examiner jusqu'à quel point un naufrage est volontaire, et si un individu jeté par la tempête sur les côtes de France, est réputé avoir enfreint son ban ; question qui ressemble assez à celle de savoir si un homme précipité par un coup de vent du haut d'une tour, ou d'un édifice, s'est suicidé.

Cependant le directoire se pourvut en cassation, et abandonna un message que le 2 floréal il avait envoyé contre ce jugement, qui n'est que la copie littérale ou plutôt servile des articles 7 et 10 de la loi du 25 brumaire.

Le 7 thermidor suivant, le tribunal de cassation déclara qu'il n'y avait lieu à statuer sur la demande.

L'un de ses motifs fut, que si les prévenus avaient été condamnés à mort, ce jugement eût été exécuté dans les vingt-quatre heures, sans révision possible, ni recours en cassation. Voilà bien le rejet le plus absolu de la demande du directoire; et cette décision, il va lui-même l'exécuter. Effectivement, à quelques jours de là, le ministre de la justice, Merlin, a choisi dans le nombre des cinquante-trois, ceux qui étaient du département du Nord, et il les a renvoyés à *Douai*, pour y être jugés les premiers.

Là, ils ont dit que, jetés par la tempête sur les côtes de Calais, sauvés du naufrage, et recueillis par les habitans, il ne pouvait y avoir dans cette force majeure la plus légère intention de rompre leur ban; et l'évidence parlait pour eux. Pressé par ce raisonnement, auquel il n'y a pas de réplique dans l'intelligence, et bien moins encore dans le cœur humain, le commissaire du pouvoir exécutif s'est réfugié dans une exception, et il a opposé l'incompétence. Son prétexte a été qu'il fallait juger de nouveau les faits militaires, parce qu'il y avait des pièces nouvellement recouvrées, d'où il a inféré la nécessité d'un renvoi à une autre commission militaire.

Tout est consommé, ont répliqué les prévenus, pour ce qui tient à la compétence militaire; et le jugement de Calais, qui, par sa nature, n'est susceptible ni de révision, ni de recours quelconque (ayant reçu d'ailleurs le sceau du tribunal de cassation), demeure impérissable : les seuls cas ordinaires sont renvoyés au tribunal, et cela seul reste à juger.

Sans égard à la vérité de ces principes, les juges de Douai, dont la seule fonction était d'appliquer bien ou mal la loi, ont supposé qu'ils se trouvaient dans un cas non prévu, au moins douteux; qu'ainsi il fallait que le corps législatif fût consulté, et il a été arrêté qu'il le serait.

Citoyens juges, que prétendiez-vous donc chercher avec une instruction nouvelle? Des coupables : mais aviez-vous donc trouvé un délit, et votre jugement aurait-il pu en créer un? Avez-vous rencontré dans les fastes de la justice un seul exemple qui atteste que l'on a revisé une absolution, et une absolution de la main d'une commission militaire?

Considérant, dites-vous, *que les pièces nouvellement recouvrées établissent incontestablement.... établissent évidemment.....*

Vous n'êtes pas difficiles en évidence : vous n'osez pas dire qu'elles ont été reconnues et avouées par les accusés; condition sans laquelle vous ne pourriez, pour le plus léger intérêt pécuniaire, les envisager comme probantes; et vous affirmez, sans daigner en faire la vérification avec eux, qu'elles doivent les conduire à la mort.

S'il eût été question de les condamner au paiement de vingt écus, et qu'ils eussent dénié leur signature, vous auriez été forcés de mettre des experts entr'eux et vous; et parce qu'il s'agit de leur vie, vous vous en dispensez!

Avez-vous d'ailleurs oublié que la plus imparfaite de toutes les preuves, est celle qui résulte de la comparaison des écritures, et que, sans offenser les lois, on peut dire qu'en matière criminelle la valeur en est nulle, ou à-peu-près? On a tant et si solemnellement professé cette maxime, qu'il faut renoncer à l'ébranler.

Vous les paraphez ces pièces, mais vous ne les faites ni signer, ni parapher par eux, et vous n'annoncez pas même que vous les avez invités à le faire. Mais de quel étonnement ne seriez-vous pas frappés vous-mêmes, si après avoir, sur la foi de ces pièces, fait annuller le jugement de la commission, provoqué une décision du corps législatif, obtenu un jugement de cassation, ressaisi une commission nouvelle, tout cela se trouvait fait sous un prétexte faux, parce que, dans l'instruction nouvelle, les pièces seraient ou désavouées, ou trouvées fausses, ou falsifiées, ou dans le cas contraire inapplicables aux individus qu'il s'agirait de juger?

Telle est pourtant l'affligeante fluctuation à laquelle on s'exposerait, si, en matière criminelle, on osait se permettre de rejeter des accusés dans les liens d'une procédure nouvelle depuis le jugement qui les acquitte, sous le vain prétexte de pièces recouvrées, et sur-tout de pièces qui n'auraient point été soustraites par leur fait, et qui, dans tous les cas, n'auraient manqué d'être produites que par le fait des agens du pouvoir qui les accuse et les poursuit.

Combien il eût été régulier et juste d'évaluer le fantôme, et de dire : Le tribunal.... « attendu que la commission a prononcé » sur les cas exprimés dans l'article 7 de la loi du 25 brumaire; » que la traduction des accusés devant lui, est une exécution directe » et formelle de ce jugement; que ceux qui l'exécutent eux- » mêmes ne peuvent conclure à son anéantissement; attendu enfin » que, fût-il susceptible d'être anéanti, le tribunal n'a ni carac- » tère, ni mission pour le faire, il déclare que, conformément au » renvoi ordonné par-devant lui, il va procéder, d'après les formes » prescrites, au jugement de l'émigration simple. »

Par qui avait-il été saisi? Par la commission militaire; or était-ce pour qu'il la réformât qu'elle lui avait fait le renvoi? Et encore une fois, que lui avait-elle renvoyé? le fait seul et unique sur lequel la loi lui défendait de prononcer. Devait-il même les ouvrir ces pièces étrangères à l'émigration simple, et que déja le directoire avait jointes sans succès à sa demande en cassation? Si donc il doutait, c'est qu'il voulait douter.

Alors l'un des prévenus s'est aussi adressé au corps législatif, et a demandé qu'il fût décrété qu'il serait réembarqué; les autres se sont pourvus en cassation.

Une commission a été nommée sur sa pétition; et le directoire ayant ensuite envoyé un message relatif à ce jugement, il y a eu une seconde commission pour le même objet.

Aux yeux du tribunal de cassation, la démarche des juges de Douai ne pouvait se soutenir : tout tribunal en matière criminelle sur-tout, est immuablement borné à l'application de la loi. Ou il en existe une, et alors il doit l'appliquer ; ou il n'y en a pas, et alors il doit absoudre.

Peu fidèles à cette maxime, les juges de Douai heurtaient dans leur considérant une vérité plus sacrée encore, puisqu'ils y affirmaient qu'il y avait lieu à l'établissement d'une commission militaire nouvelle, pour rejuger le même fait : ainsi pour perdre des Naufragés, ils disaient.... *Bis in idem.*

Ils infirmaient donc de fait le jugement du tribunal de cassation, puisqu'ils mettaient en principe qu'il pouvait y avoir lieu à statuer de nouveau ?

Ils demandaient en d'autres termes une loi pour tuer, et par un effet rétroactif, puisqu'ils avouaient qu'il n'y en avait pas d'existante, ou, ce qui est entièrement égal, que celles qui existaient n'étaient point assez claires pour qu'il fût possible d'asseoir une condamnation : aussi le 12 nivôse an 5 intervint-il jugement qui cassa le référé, et renvoya au tribunal du Pas-de-Calais pour être fait droit suivant les lois.

Le 5 vendémiaire précédent, on avait vu arriver au corps législatif un message à l'occasion de ce jugement : le rédacteur paraissant moins occupé de l'intérêt public sur ce qui arrivera, que de l'expression de ses intentions particulières sur ce qui est arrivé, y parle ainsi :

« Il serait d'ailleurs essentiel d'appliquer ces dispositions aux ju-
» gemens rendus depuis la mise en activité de la constitution. »

Mais concevant bien que l'homme du sens le plus ordinaire va lui dire.... *Vous demandez donc un effet rétroactif,* il devance l'objection ;

« On ne pouvait pas objecter qu'en cela vous donneriez à la loi
» un effet rétroactif, puisque vous ne feriez qu'ordonner l'exécu-
» tion des articles 262 et 263 de l'acte constitutionnel, aux termes
» desquels, encore une fois, le tribunal de cassation peut et même
» doit

» doit annuller tous les actes par lesquels les juges *indistinctement* » ont excédé leurs pouvoirs.

Indistinctement! voilà un adverbe que l'œil cherche inutilement dans les art. 262 et 263.

Le 1.er porte, « que le directoire exécutif dénonce au tribunal de » cassation les actes par lesquels les juges ont excédé leurs pou- » voirs. »

Le 2.eme, « que le tribunal les annulle. »

Si le mot *indistinctement* se rencontrait dans l'acte constitutionnel, la juridiction du tribunal de cassation se trouverait par-là établie sur tout ce qui dans la république, et en toute matière aurait nom, qualité et fonction de juge.

S'il s'y rencontrait, ce tribunal y trouvant une étendue illimitée, n'aurait pu, par son jugement du 7 thermidor, décider qu'il n'y avait lieu à délibérer, d'après l'art. 290 de la constitution, qui dit,

« Que l'armée de terre et de mer est soumise à des lois particu- » lières pour la discipline, la forme des jugemens et la nature » des peines.

Certes, il était permis de regarder comme une émanation de l'armée, comme sujette aux lois seules faites pour l'armée, et sur lesquelles le tribunal de cassation était sans autorité quelconque, une commission militaire qui n'est formée que par un état-major d'armée, composé exclusivement de militaires, et procédant suivant les formes militaires.

Certes, et encore à présent, le recours contre les jugemens des conseils militaires est entièrement fermé; et cependant il serait ouvert, si la constitution avait soumis tous les juges *indistinctement* au tribunal de cassation.

Effaçons donc ce mot, et alors il ne restera sous l'autorité du tribunal suprême que les jugemens qui lui sont expressément et textuellement délégués par l'art. 254 de la constitution.... ceux rendus *par les tribunaux*.

Et sous ce nom l'art. n'entend que les tribunaux *ordinaires;* la constitution ne reconnaissant et ne pouvant reconnaître que ceuxà, et non les commissions militaires, qu'il faut bien distinguer des conseils militaires, qui sont des tribunaux légaux et ordinaires, avoués par la constitution, tandis que les commissions sont bien moins des tribunaux, que des établissemens passagers, extraordinaires et hors du régime constitutionnel.

Le 12 nivôse an 5, le tribunal de cassation fit droit sur la demande, et renvoya à celui du Pas-de-Calais. Là fut reproduite par le commissaire du pouvoir exécutif, la proposition d'incompétence; mais un jugement du 26 prairial l'en débouta, et il déclara qu'il entendait se pourvoir en cassation (ce qu'il n'a pas fait).

Le citoyen Treilhard, rapporteur de cette affaire, étant sorti du corps législatif avec d'autres membres de la commission, il fut procédé à la nomination d'une nouvelle, et le 30 messidor suivant il y eut une résolution prise à l'unanimité, et de l'avis même du citoyen Treilhard (fait retenu dans le rapport), qui ordonna que les Naufragés seraient réembarqués sans délai, et conduits dans un port neutre.

Le 15 thermidor elle fut adoptée par les anciens à une égale unanimité.

L'exécution de cette loi était déjà commencée: un navire frété à Dunkerque les attendait; l'heure de la délivrance allait sonner, lorsqu'un message du 25 fructidor vint leur apprendre que le dénouement de ce triste drame allait fuir, et long-tems encore, devant eux.

Voici comme y parle le directoire :

« Vous venez, citoyens représentans, par un exemple d'indul-
» gence mêlé de sévérité, d'ordonner la déportation des prin-
» cipaux chefs de la conspiration royale que le directoire exécutif
» a déjouée. . . . . Le directoire vous invite à examiner si vous ne
» pourriez pas, sans inconvéniens, envelopper les émigrés de
» Calais dans l'exécution du même plan, puisque vous avez adopté
» pour des conspirateurs encore plus coupables qu'eux, des me-
» sures fondées sur un système de législation indulgente. En
» réalisant l'idée qu'il vous présente ici, vous éviterez au trésor

» public un surcroît considérable de dépense qui nécessiteraient
» l'armement et l'équipement d'un vaisseau destiné à cette expé-
» dition particulière. »

Il est grandement à remarquer que, malgré le premier moment de chaleur contre les déportés qui étaient l'objet de la loi du 19, le directoire ne propose pas le rapport de la loi du 15 thermidor précédent, à laquelle ils avaient concourus, dans l'absolue unanimité des deux conseils, eux qui l'avaient proposée, et auxquels seuls elle est reprochée aujourd'hui : il ne parle que d'un changement qu'il présente comme léger, puisqu'il semble n'être question que d'un mode d'exécution plus conforme aux calculs de l'économie.

Il y a donc eu une commission nommée, qui, par l'organe du citoyen Mausord, a d'abord proposé la résolution suivante :

Article I.er « Les soi-disant Naufragés à Calais seront détenus
» en France en lieu sûr et sous bonne garde, jusqu'à la paix géné-
» rale : à cette époque ils seront déportés hors du territoire de la
» République, dans le lieu désigné par le directoire exécutif. »

Art. II. « En tous cas d'évasion, ils seront jugés et punis comme émigrés pris les armes à la main.

Ce projet présenté le 19 nivôse dernier fut combattu, et le 9 ventôse, il en représenta un second ainsi conçu :

Article I.er « La loi du 15 thermidor au 5, concernant les indi-
» vidus ci-dessus mentionnés, est rapportée. »

Art. II. « L'article 19 de la loi du 19 fructidor suivant, portant :
» Les émigrés actuellement détenus seront déportés, n'est pas
» applicable à ceux qui, outre le crime d'émigration, étaient en-
» core prévenus d'autres délits emportant peine capitale. »

Ce projet, après une forte résistance, a fini par être accueilli.

Serait-il possible qu'une telle résolution fût adoptée par la justice éclairée du conseil des anciens ?

Les Prisonniers de Calais sont naufragés, donc incondamnables.

Elle est encore dans la tête de tout législateur né homme, la loi qui, sous un prétexte quelconque, doit condamner à mort des Naufragés ; et sûrement elle y sera long-tems : or il ne peut y avoir de délit sans loi préexistante qui l'ait déclaré tel. Si le cas n'est pas textuellement prévu (car en ce genre point d'équivalent à admettre), il n'y a ni délit existant, ni délit possible.

Comme il ne faut que des yeux pour connoître la lumière, il suffit d'avoir une ame pour sentir que des naufragés ne sont que malheureux ; que c'est le seul titre qui leur reste, et qu'il les recommande à tout être sensible et juste.

Quand toutes les lois seraient là-dessus imparfaites ou muettes, il y a un instinct d'équité naturelle qui suppléerait à leur vuide et à leur silence.

Sans discuter ce qui doit être senti, ouvrons et la législation ancienne, et la moderne.

Voilà des hommes naufragés (et ces deux mots unis vont si droit à l'ame !) ; naufragés sur un bâtiment neutre, dont le pavillon affranchit tout. Ils étaient sans munitions et sans armes, voués à une destination éloignée, mais étrangère à la guerre. Bannis de leur pays, dépouillés du patrimoine de leurs pères, ne pouvant habiter une planète, ils vont chercher du pain en Asie. Ils échouent ; Calais devient pour eux une seconde providence ; ils sont sauvés.

Existe-t-il, ou peut-il exister une loi qui décide qu'il sera permis de profiter de leur naufrage contre eux, quelle qu'ait été leur vie antérieure ? Non, aucune. Le code ne parle que de secours, et défend sur-tout de porter une main avide sur la dépouille du naufragé : il semble respecter jusqu'à ses vêtemens, et dire :

Il suffit qu'il soit homme et qu'il soit naufragé.

La législation n'a pas supposé que l'on penserait jamais à le punir pour des faits antécédens ; et si elle n'a pas proscrit ce principe inhumain, c'est qu'elle a assez honoré le cœur de l'homme pour croire qu'il était au moins inutile de le faire. C'est le silence de Solon.

Quoi ! une loi ancienne défend, sous peine de mort, de dépouiller le Naufragé, elle n'est pas révoquée, et l'on voudrait qu'il en existât une moderne, qui ordonnât de lui ôter la vie, c'est-à-dire, que la liberté fût moins humaine ou plus cruelle que le despotisme !

Les Naufragés de Calais peuvent donc dire . . . . . . Quelle est la loi que nous avons enfreinte ? Rejetés de la Nation française, il fallait bien que nous nous aggrégeassions à une autre, puisque tant que nous respirerons, il faut que nous habitions un coin du globe : telle est l'idée fidèle de notre position. Si nous sommes criminels, notre crime est donc dans la tempête ; nous le sommes donc devenus sans le vouloir et sans le savoir.

La tempête cessant, nous ne serions pas coupables ; or, conçoit-on bien qu'aux yeux d'une Nation juste et sensée, le malheur rende criminel ? et qui encore ? des passagers sans armes. Une loi qui érigerait cela en principe, serait un attentat au droit des gens, à un droit contre lequel il ne fut jamais permis de faire des lois.

Ah ! daignez croire que les seuls partis sensés sont les partis magnanimes, et que les actions justes protègent autant les nations qu'elles les honorent. Ce n'est pas, au reste, le jugement rapide de la sensibilité que nous réclamons, c'est le bon-sens de tous les peuples. Nous invoquons une de ces lois immortelles qui n'ont été faites ni par des Sénats, ni par des princes, ni par des comices, mais qui, créées avant le tems, avant les républiques et les empires, sont établies comme un rapport nécessaire dans toute constitution raisonnable : c'est parce qu'elles ne sont pas écrites, qu'on ne peut les abroger. La conscience de l'univers les conserve en dépôt, et il est inviolable celui-là.

Ainsi, ou nous sommes effacés du rang des hommes, ou il est impossible de nous condamner.

Mais ce point de vue, qui est le seul vrai, peut être abandonné sans le plus léger risque.

On va donc supposer que l'article 7 de la loi du 25 brumaire peut être opposé aux Naufragés; on va se placer dans cette hypothèse.

1.° Il parle d'un rassemblement et de seuls émigrés, d'un rassemblement armé et fait dans des vues hostiles contre la France; or il s'agit ici d'un corps composé de dix nations différentes, dans lequel on compte quelques émigrés qui s'y sont jetés pour avoir au moins la simple existence. Leur entrée n'est, dans l'exactitude, qu'une incorporation dans un corps étranger, dans un corps qui n'a ni cocarde blanche, ni panaches, ni aucun des signes ou attributs des émigrés : rien de ce qui fait point de ralliement, objet de réunion pour une entreprise contre l'ancienne patrie.

Ce corps levé, il fallait bien en faire quelque chose, et pourvu qu'il n'y eût aucune destination contre la France, en quoi la loi était-elle blessée ?

2.° L'article parle d'émigrés *pris*, et tout est dans cette expression; il faut qu'il y ait capture.

Dans quelle langue et dans quel pays a-t-on jamais dit que des naufragés avaient été *pris ?* Le mot *pris* suppose une résistance ou une fuite; un naufragé résiste-t-il, fuit-il ? Il est recueilli, secouru, sauvé, mais *pris !*

Ensuite *pris* . . . . . . où ? Il faut que ce soit sur la frontière, en pays ennemi, ou dans celui occupé par les troupes de la République.

L'Océan est-il frontière, pays ennemi ? est-il occupé par les troupes de la République ? On peut couvrir la mer de ses flottes, mais l'*occuper !*

Il faudrait qu'il fût dit *à la côte*, et le cas du naufrage n'étant pas exprimé, il demeure par cela seul essentiellement excepté. Les Naufragés ne sont pas tombés entre vos mains; ils sont hors du cercle tracé par la loi, et on ne peut l'aggrandir contre eux. Il n'y a là ni obscurité, ni indécision; voilà trois cas précisés nettement : le reste n'est pas dans le domaine de la loi. Jamais on ne pourra envelopper les Naufragés dans la disposition de l'article 7, sans y ajouter deux expressions que le texte ne présente pas, et qui n'étaient pas davantage dans la pensée du législateur.

Ce texte le voici : *Ceux qui ont été, ou seront pris, soit sur les frontières, soit en pays ennemi, ou dans celui occupé par les troupes de la république.*

Pour que cet article pût atteindre les Naufragés de Calais, il faudrait qu'il fût ainsi conçu : *Ceux qui ont été ou seront pris, ou recueillis, soit sur la frontière, soit en pays ennemi, ou dans celui occupé par les troupes de la république, ou sur la côte.*

Quelle est l'autorité sur la terre qui peut faire refluer l'avenir sur le passé? Quand donc cet article paraîtrait aujourd'hui ainsi rédigé, encore serait-il étranger aux Naufragés de Calais, qui ne seraient jamais soumis qu'aux lois existantes à l'heure du naufrage.

Mais si ensuite on interroge le silence de celle du 25 brumaire, il demeure prouvé que son intention nécessaire a été d'exclure le cas non exprimé, et *prouvé* d'une manière irrésistible.

La convention a su et n'a pas pu ne pas savoir qu'il y avait beaucoup d'émigrés en Angleterre, qu'ils n'avaient pu y arriver, et ne pourraient en sortir, sans être plus ou moins exposés aux dangers de la mer. Le cas du naufrage s'est donc indubitablement offert à sa pensée. Elle l'a prévu, et elle ne l'a pas exprimé; elle a su, et n'a pas prononcé; donc elle n'a pas voulu.

Le même rapporteur qui a dénaturé la question en niant le naufrage, devant lequel tout tombe, a essayé, pour détruire l'autorité du jugement irrévocable de la commission, de faire croire qu'elle s'était déclarée incompétente.

Ces deux assertions sont d'une égale vérité.

La Commission de Calais ne s'est point déclarée incompétente, et elle ne pouvait le faire.

Elle a jugé les accusés sur tous les points dont elle était saisie; et c'est après avoir épuisé ses pouvoirs, qu'elle a prononcé dans les termes précis de la loi qui l'avait constituée.

Quand un juge déclare-t-il son incompétence? C'est lorsqu'il refuse de prononcer sur les cas qui lui sont soumis, et qu'il se dessaisit pour renvoyer.

Mais il déclare au contraire toute sa compétence, il remplit et consomme tout son ministère, lorsque, sur-tout simple commissaire pour des cas déterminés, il prononce que celui qu'on traduit devant lui est innocent des crimes sur lesquels seuls il a caractère et mission pour prononcer, et qu'il ne renvoie l'accusé pardevant un autre juge que pour statuer sur les cas particuliers dont lui commissaire ne peut connaître.

Aux yeux de la loi du 25 brumaire, il y a deux classes d'émigrés, celle des émigrés simples, qui, rentrés en France, n'ajoutent à leur délit que l'infraction du ban; et ceux-là appartiennent aux tribunaux criminels : La seconde est celle des émigrés composés (si je puis user de ce mot), c'est-à-dire de ceux qui au fait de l'émigration ont ajouté des délits autres et plus graves que celui de leur rentrée; et ces délits sont nettement classés par l'art. 7 de la loi.

Ceux-là doivent être jugés dans les vingt-quatre heures, par une commission militaire composée de cinq personnes.

L'article 8 porte, « qu'aussi-tôt après le jugement qui les aura » déclarés convaincus des crimes *énoncés* en l'article précédent, » ils seront livrés à l'exécuteur, et mis à mort dans les vingt- » quatre heures. »

Article 10 : « Les commissaires militaires renverront les émigrés » qui ne se trouveront pas dans les cas prévus par l'article 7, » devant les tribunaux criminels des départemens de leurs do- » miciles respectifs. »

Les

Les commissaires de Calais étaient donc soumis à juger l'émigration composée, avant de réduire l'accusation au fait de l'émigration simple. Celui qui doit déterminer si la première existe, prononce d'abord; et s'il trouve que l'émigré prévenu n'en est pas coupable, il le transmet, dégagé de cette prévention, au tribunal à qui appartient le jugement de l'émigration simple.

La loi semble donc avoir interrogé les commissaires, et leur avoir dit : *Les individus traduits devant vous ont-ils commis aucun des crimes énoncés dans mon article* 7.... et les juges n'ont pas répondu : *Nous ne sommes pas compétens pour vous le dire*.... ce qui eût été alors une déclaration d'incompétence qui ne leur aurait pas permis de passer à l'examen du fait: au contraire, ils s'y sont livrés; ils ont vu les pièces, interrogé les prévenus, entendu les témoins, et, après un examen aussi exact que solemnel, ils ont répondu à la loi : *Considérant qu'ils n'ont point été pris, mais qu'ils sont naufragés.*

Après avoir ensuite détaille avec une exactitude qui tient du scrupule chacun des cas prévus par l'article, et déclaré que nous y étions étrangers, ils ont terminé par ces expressions : *Que par conséquent ils ne sont dans aucun des cas prévus par l'article 7 de la loi du 25 brumaire; les renvoyons par-devant les tribunaux-criminels de leurs domiciles respectifs.*

Dire que rien ne prouve que cinquante-trois accusés soient coupables de tels et tels crimes, n'est-ce donc pas bien essentiellement juger? Et avec quelle vraisemblance peut-on maintenir que des juges qui ont ainsi prononcé se sont déclarés incompétens?

Où siége le tribunal auquel ils ont laissé le soin de faire l'application des cas exprimés dans l'article 7? N'ont-ils pas textuellement statué sur tous, en prononçant que les Naufragés n'étaient dans aucun de ceux qu'a prévus l'article?

Qu'après cela on ait tenté de dévouer au mépris les justes et légitimes considérations sur lesquelles ils ont assis leur jugement, en demeure-t-il moins inattaquable? en demeure-t-il moins définitif? Quand même ils auraient prononcé contre le sens des pièces, ce serait un mal-jugé au fond, contre lequel la législation n'ouvrirait aucun recours : or, d'un côté, la raison est mutuelle devant la loi ; de l'autre, celle qui est simplement projetée ne commande pas aux juges ; et, lorsqu'elle arrive, elle ne change nullement la raison de décider les questions antérieures.

Le 9 floréal dernier, un membre du conseil des cinq-cents a complètement réfuté le rapporteur sur l'article de la compétence... « La commission militaire établie à Calais, a ordonné » ce renvoi (devant les tribunaux-criminels) ; elle a donc jugé » que ces émigrés n'étaient point dans le cas prévu par l'article 7. » Cette décision est très-mauvaise sans doute ; le contraire est » évident aujourd'hui (l'orateur s'est dispensé de la preuve) ; » mais ce jugement n'en existe pas moins ; et le tribunal criminel, » nanti du jugement de l'affaire, ne pourra point le réformer. » Et d'ailleurs, au terme de la loi que je viens de citer, il est » incompétent pour juger du délit d'avoir porté les armes contre » la république.

» Sur quoi pourra-t-il donc prononcer uniquement? Sur le » fait du débarquement de ces individus sur la côte de Calais, » pour savoir s'il a été la suite d'un naufrage ou échouement, » ou s'il a été volontaire. Or, dans le premier cas, il n'y a point » de délit ; car le naufrage ne saurait en être un : dans le second, » ils sont compris dans les dispositions de la loi du 19 fructidor, » concernant les émigrés détenus pour infraction de ban. »

Pour avoir une idée juste des choses, il faut donc en général prendre les mots dans une signification opposée à celle que leur donne le rapporteur, et dire : Le naufrage et la compétence sont deux incontestables vérités ; donc plus de questions à décider.

Cependant ce rapporteur, dont la logique est autre, va en conclure que la loi même du 19 fructidor n'est pas applicable aux Naufragés, sans s'apercevoir que sa conséquence est l'inverse du principe, et qu'en déclarant la loi du 19 fructidor inapplicable, il propose tout uniment au corps législatif de juger.

La résolution prise contre les Naufragés de Calais est un jugement.

Décider qu'une loi est applicable, ou dire qu'elle ne l'est pas, dans les deux cas, c'est juger. Qu'est-ce qu'un jugement ? C'est une application de la loi, ou une déclaration qu'elle ne s'applique pas au cas présenté. Or, que fait la résolution ? Elle déclare que la loi du 19 fructidor n'est point applicable aux Naufragés ; elle juge donc, et elle juge tellement, qu'il ne resterait plus rien à faire aux tribunaux-criminels, que ce que je n'ai pas, moi leur défenseur, le courage d'écrire ; et l'espérance, qui parcourt même les cachots, ne pénétrerait plus dans la fétide et sombre demeure de ces malheureux !... Qu'il serait donc terrible le lot qui se trouverait pour eux dans l'urne de la destinée ! Ils seraient punis de s'être abandonnés à la merci de la nation française plutôt qu'à celle des flots !

Non-seulement la résolution juge, mais elle fait ce qui n'appartient à aucune autorité dans la république : elle infirme les deux jugemens du tribunal de cassation ; celui du 7 thermidor, puisque la décision des commissaires que ce jugement confirme serait anéantie ; celui du 12 nivôse, qui renvoie au Pas-de-Calais sur la seule émigration simple, puisque les faits hostiles seraient à juger de nouveau, comme si la commission n'avait pas prononcé ; puisqu'enfin cela reporte et les individus et leur affaire à la veille du jour où elle a commencé à s'en occuper.

Où serait donc la garantie qui resterait aux accusés acquittés, si des hommes qui n'étaient pas même accusables étaient traités ainsi ? Quelle serait la borne dans le tems ou dans l'infortune où s'arrêterait la vengeance publique ? La loi punit les coupables ; mais se venge-t-elle ? Dans l'extrême malheur, la vengeance de l'homme même ne fuit-elle pas devant la sensibilité ? Comment enfin oublier que même la bienfaisance envers des Naufragés n'est qu'une restitution ?

En décidant que la loi du 19 fructidor n'est point applicable, et que les Naufragés doivent être remis en jugement pour les faits hostiles, la résolution parle-t-elle au moins d'un fait nouveau récemment découvert? Non; mais de prétendues preuves d'un fait jugé, découvertes, dit-on, après le jugement.

Quelle est l'autorité d'une preuve qui survient après l'absolution? Et ces vains papiers qui paraissent aujourd'hui méritent-ils bien le nom de preuves?

1.° Ils sont antérieurs au jugement de la commission; et il n'est pas du tout justifié qu'alors l'accusateur ne les détenait pas.

2.° C'était par-devant elle qu'il fallait les présenter : l'accusateur, maître du moment des débats, devait être prêt avant de les ouvrir.

3.° Le délit est un, l'accusation doit être une; et la preuve ne peut pas plus se diviser qu'elle; car, si un second jugement acquittait les Naufragés, il serait donc possible de les renvoyer à un troisième, sur le prétexte de pièces nouvellement découvertes.

4.° Quel est le peuple chez lequel la maxime *non bis in idem* n'est pas suivie, ou plutôt révérée?

Otez ce principe du code, et tout accusé est perdu. Son accusateur, l'homme public même, s'il est son ennemi (et rien n'est moins rare aujourd'hui), produira des pièces qu'il aura su faire après le jugement d'absolution; et sur cet étrange fondement, l'homme absous, l'innocent (car il n'y a pas deux mots pour le nommer), sera renvoyé à un tribunal nouveau, sans que préalablement le mérite de ces pièces ait été discuté avec lui.

« Quelque répugnance que j'éprouve, dit le rapporteur, à » vous faire lecture des pièces qui établissent le crime, permet- » tez, représentans du peuple, que je vous donne celle d'un en- » gagement pour la légion de Choiseul : vous verrez si la réponse » a eu des bases équivoques. Il est ainsi conçu :

Régiment de Choiseul, Hussards.

» Je soussigné, Jacques Louis Koolen, fils de Jean, natif de » Nortquerque, province d'Artois, âgé de vingt-un ans, taille

» de cinq pieds cinq pouces dix lignes, cheveux et sourcils châ-
» tains, yeux roux, nez épaté, front bas, bouche moyenne,
» menton rond, figure pleine, un peu marquée de petite-vérole,

» M'engage de ma propre volonté pour servir pendant toute la
» guerre contre les régicides Français, dans le régiment de Choi-
» seul, hussards, au service de sa majesté britannique.

» Je reconnais avoir reçu pour mon engagement la somme de
» six livres, dont je suis satisfait et content. Fait à Tournay, le
» 19 du mois de mars mil sept cent quatre-vingt-quatorze.

Signé, KOOLEN.

Quoi! pour conclure en grand appareil, ainsi que le fait le rapporteur, il n'existe qu'une pièce unique, et quelle pièce!

1.° C'est pour six francs que cet homme s'engage pour toute la guerre, durât-elle trente ans!

2.° On a évité d'exprimer le nom de l'officier qui a engagé, parce que l'on a prévu qu'il serait très-possible de prouver qu'à l'époque donnée, il n'était pas à Tournay, et que l'on n'a su quel nom choisir.

3.° Ou il existait ce ridicule chiffon, avant le jugement de Calais, et alors il ne peut plus être produit; ou il a été fait depuis, et par cela seul il est faux.

Combien elle est inconcevable la position de ces Naufragés! C'est lorsqu'ils sont enterrés dans des casemates, que l'on produit contr'eux une pièce fausse, qu'on ne leur permet ni de voir, ni de contredire, et sur laquelle ils sont cependant jugés (car la résolution est bien un jugement). Quelle idée accusatrice ne serait pas effacée par cette idée-là! D'après quel principe leur condition serait-elle plus dure que celle des émigrés présens au 18 fructidor? Très-assurément, le corps législatif a su qu'alors il y en avait beaucoup en France qui avaient porté les armes; et toutefois il les a compris sans distinction dans la mesure commune de la dépor tation, quoique vivement persuadé qu'ils avaient commis plus d'un délit au-delà de l'émigration simple.

Ce n'était pas la vague qui les y avait portés, ils n'avaient pas lutté contr'elle pour ne pas y arriver : leur rentrée était l'acte de la volonté la plus libre : pourquoi donc cette différence dans leur sort?

Où sont les faits *autres* que ceux qui étaient imputables aux émigrés de toutes classes qui habitaient la France le 18 fructidor? Il eût été bien plus digne de la générosité d'une grande nation de marquer les naufragés d'un trait distinctif, comme non soumis à la déportation; car, ou il faut renoncer à raisonner, ou il doit demeurer constant que, pour enfreindre son ban, la première condition est de le vouloir; que tout délit suppose une volonté et une possibilité de ne pas le commettre : donc, pour placer des Naufragés sur la ligne des infracteurs de ban, il faut leur prouver qu'ils avaient le pouvoir de commander à la tempête et d'ajourner la nécessité.

Ils n'avaient même pas besoin d'être distingués : la commission ayant décidé qu'ils n'étaient pas coupables dans le passé, et le sceau de l'irrévocabilité étant apposé sur sa décision.

On voudrait donc les déclarer coupables dans l'avenir, les punir pour l'avenir dès-à-présent; et parce que la tempête a été pitoyable, les hommes ne seraient ni clémens, ni justes!

S'il y avait une nouvelle mise en jugement, il faudrait supposer que lorsque la commission de Calais a été créée, la puissance publique lui a dit..... *Tu tueras; tu seras plus horrible que la tempête; que si tu oses acquitter, j'en établirai une autre qui tuera pour toi.*

Quelle serait l'indépendance d'une commission nouvelle, chargée de reviser une absolution, d'une commission assise sur la ruine du plus saint des principes, et qui n'aurait reçu la vie que parce que la première ne l'aurait pas fait perdre aux accusés?

Si un reste de religion pour le malheur lui donnait le courage de ne pas condamner, qui s'opposerait à ce que l'on vînt redire que les formes n'ont pas été respectées, que cette impunité touche au scandale; à ce que l'on proposât de reviser la révision, et d'affiner l'innocence dans trois creusets successivement? Ainsi, de distance en distance, ces malheureux verraient s'ouvrir une tombe nouvelle, et auraient moins à craindre la mort que le reste de la vie.

Qu'est-ce que des mots pour rendre un tel supplice infligé à des hommes acquittés par le naufrage, avant de l'être par la commission?

L'histoire nous présente un exemple éclatant de l'impossibilité de la révision, dans le cas où les preuves les plus palpables du crime arrivent après l'absolution.

Cromwel avait établi une haute-cour de justice pour faire condamner tous les hommes un peu considérables restés fidèles au parti de Charles I.er Un jeune homme, appelé Mordant, de la famille de Peterboroug, fut jeté, par le protecteur, dans les liens d'une procédure criminelle : de fortes présomptions s'élevaient contre lui. Sa position était extrêmement délicate, d'après la nature des circonstances, et la conviction où était Cromwel, qu'il avait dans ce jeune Anglais un ennemi personnel. Quoique l'accusé se défendît avec une intelligence peu commune, l'opinion des juges flottait incertaine entre la mort et l'absolution, ou plutôt il touchait au moment fatal..... « Il arriva, dit Clarendon, dans » son *Histoire des guerres civiles d'Angleterre;* tome 6, page 468. » il arriva qu'un des juges ayant été contraint de sortir par les dou- » leurs de la pierre, la cour se trouva partagée, moitié pour le » condamner, et l'autre moitié pour l'absoudre : de sorte que la » décision dépendait de la voix du président qui d'abord fit quelques » excuses sur la justice qu'il était prêt à rendre; et reconnaissant » avoir plusieurs obligations à la mère du prisonnier, le déclara » innocent, et il parut à la cour que c'était en cette considération. » Il n'y a point eu de pareils exemples du tems de Cromwel, et » à peine un seul autre homme traduit devant ces cours de justice » évita la condamnation. Il en fut si en colère, que, contre toutes » les formes qui s'observaient, il le fit garder encore quelques mois

» à la tour, *et aurait bien voulu qu'on lui eût fait son procès encore*
» *une fois*. Car un ou deux jours après, Mallory fut repris, et ils
» avaient corrompu un Français qui l'avait long-tems servi ; c'était
» le seul domestique dont il avait fait choix, n'en pouvant avoir
» qu'un pour le servir dans la prison ; et il en avait assez découvert
» pour faire perdre plusieurs vies à son maître, s'il en avait eu plus
» d'une. Mais ç'aurait *été un si grand scandale, et un cas si inoui*,
» qu'un homme déchargé par un jugement public fût encore pour-
» suivi *sur de nouvelles preuves pour le même crime*, que Cromwel
» ne voulut point s'exposer à ce reproche, et fut enfin obligé de le
» mettre en liberté. »

Ce que n'a pas osé Cromwel, ce qu'il a cru ne pas pouvoir contre un de ses plus mortels ennemis très-convaincu, la république se le permettra-t-elle contre des hommes qui sont, non sous sa juridiction, mais bien plutôt sous sa garantie ? Ce qui parut à cet usurpateur *un grand scandale*, paraîtra-t-il simple et juste au corps législatif ? se laissera-t-il vaincre en justice par Cromwel ? Comment pourrait-il supporter le poids d'un tel contraste ?

Cromwel ne voulut point, dit Clarendon, *s'exposer à un tel reproche :* Le corps législatif le voudra-t-il ? aura-t-il moins soin de sa gloire que lui ? Qui nous assure encore que Cromwel aurait envoyé Mordant à sa haute-cour, s'il eût été naufragé ?

Quand l'œil s'arrête sur les expressions violentes qu'emploient tous les messages contre la commission de Calais, on est tenté de croire que l'intention était de la faire simplement traverser aux accusés pour aller à la mort, et qu'elle ne devait être que le péristile de l'enceinte où ils seraient exécutés. Aussi y dit-on, en parlant des deux rapports, qu'ils sont *astucieusement éloquens ;* et la marche de ces idées-là conduisant à examiner si la loi du 15 thermidor n'était pas un jugement, on a fini par découvrir qu'elle en était un.

Rien n'est moins juste ; et ceux qui l'affirment sont à côté du mot propre et de la notion exacte.

La

La loi du 15 n'est ni un jugement, ni une exception nouvelle introduite dans les lois portées contre les émigrés.

Elle n'a fait que déclarer un principe établi dès la naissance des sociétés, et une déclaration ne fut jamais un jugement. Elle a proclamé l'inviolabilité (et s'il est permis d'user de ce mot), l'incondamnabilité de tout homme livré par les flots. Aucune loi n'était écrite sur l'événement qui se présentait; et le corps législatif consulté, a répondu qu'un principe contemporain du monde voulait qne des naufragés ne pussent, sous aucun prétexte, être punis, ni même jugés, parce qu'ils n'étaient justiciables d'aucun tribunal particulier, qu'ils avaient droit à l'humanité de l'état dans lequel ils prenaient un asyle forcé, mais qu'ils étaient étrangers à sa juridiction. En quoi cela ressemble-t-il à un jugement?

Les mêmes messages disaient en d'autres termes au corps législatif : *Les jugemens des commissions militaires sont bien sans appel; cependant ne pourrait-on pas appeler de celui qui acquitte les Naufragés de Calais?*

Il fallait bien que le corps législatif répondît : est-ce là usurper le pouvoir judiciaire?

La réponse est une déclaration, et il a dit : Il n'y a ni juridiction, ni délit; donc il n'aurait pas dû y avoir de jugement; et en cela, il n'a prononcé ni sur un cas particulier, ni sur un individu; il a proclamé un principe dont sont convenus et conviennent toutes les nations. Les Naufragés étant émigrés ne pouvaient plus habiter le sol de la république; il a ordonné qu'ils l'évacueraient; où est le jugement? Ils ont bien été l'occasion de la loi; mais tous les Naufragés passés, présens et à venir en ont été l'objet. Il y avait une lacune dans la législation, et il l'a remplie.

Quel autre que lui pouvait être l'oracle de ce droit universel, et placer dans le code ce principe non écrit jusqu'alors, mais profondément senti, mais inspiré plutôt qu'enseigné ?

Les autorités luttaient péniblement dans l'incertitude, et il devait la faire cesser : sa compétence était manifeste ; il la puisait dans la nature même de l'événement : enfin le gouvernement le consultait, et il s'agissait d'une mesure législative : combien tout cela est étranger à un jugement !

Il n'est pas plus vrai que cette loi soit une exception introduite dans la législation relative aux émigrés, car les Naufragés ne sont et ne peuvent être que des Naufragés ; voilà leur nature propre, et la qualification unique qui leur appartient : c'est la méprise et la confusion que l'on a introduite dans les idées, qui a amené la résolution ; c'est parce que l'on a faussé la perspective, que l'on a vu des émigrés, ... et des émigrés promis à l'échafaud. Avec l'optique de la haine, que ne voit-on pas ! et combien sont heureux ceux que la calomnie ne croit pas dignes d'elle !

Le sophisme générateur de tout ce que l'on a dit et écrit contre eux, c'est que ce sont des émigrés, et des émigrés *pris*.

D'abord ils l'auraient été avant le 19 fructidor, et la déportation serait *le maximum* de la peine, puisque la loi ne distingue pas. Mais on les revêt injustement de cette qualité ; ils ne sont ni émigrés, ni émigrés *pris*. Le droit des malheureux est un genre de droit divin : c'est cette vérité qui n'a ni époque ni limite, qu'a consacrée la loi du 15 thermidor ; le peuple qui jeterait un voile sur elle, serait effacé de la liste des peuples policés.

Si l'on met en regard cette loi avec la résolution, il demeure prouvé toujours davantage que celle-ci juge nécessairement, et en cause individuelle : elle juge, lorsque, partageant en deux la loi du 19 fructidor, elle décide que la première partie n'est pas applicable, tandis que la seconde, qui ne se contente pas de frapper de la déportation ceux qui au-delà du crime d'émigration, sont sous le poids de délits qui emportent peine capitale, peut leur être appliquée.

Mais pourquoi la première est-elle sans application aux Naufragés ? c'est donc à raison de ce cruel événement, de leur acquit, et de la loi du 15 thermidor ? Cependant voilà le rapporteur qui nie le naufrage, qui conclut au rapport de la loi, et les remet en jugement au mépris de l'absolution ; et tous ces vices, le conseil des cinq-cents les a accumulés en adoptant le projet.

C'était d'après la réunion des trois circonstances, que la loi du 19 n'était pas applicable, car la déportation est sans doute une peine.

La résolution statue donc sur un cas particulier, puisqu'elle érige en problême un événement dont l'existence était revêtue du sceau de plus d'un tribunal, et de celui d'une éclatante notoriété.

Ensuite, lorsqu'elle dénonce comme coupables, et qu'elle envoie à une commission militaire des individus acquittés, elle donne un effet rétroactif à la loi du 19, puisqu'elle les soumet à la peine de mort dont cette loi frappe tout émigré détenu qui chercherait à s'évader. Or, tout effet rétroactif est vraiment l'interrègne de la justice, et c'est même sa définition la plus douce.

Pourrait-il n'être pas permis à des hommes aussi horriblement malheureux de s'écrier . . . . . . Quoi ! parce qu'une commission militaire nous a absous, que nous avons couru cette horrible chance sans périr, parce que l'inapplicabilité de la loi a été démontrée, et qu'elle saisit tout homme qui n'a pas l'ame d'un persécuteur, on nous retraînera devant une commission nouvelle, sans que le jugement qui nous acquitte ait été cassé, et sans qu'il ait pu l'être ?

Le message du directoire appelant ce jugement un acte de contre-révolution, nous traduire par-devant un autre tribunal (quel qu'en soit le nom), n'est-ce pas lui dire . . . . . *tuez-les, ou vous serez un tribunal contre-révolutionnaire ?*

Quand ce ne serait rien que quelques infortunés de plus, c'est beaucoup qu'un seul innocent condamné à mort ; et des hommes qu'une commission militaire acquitte, peuvent-ils n'être pas innocens ?

Quelle serait la position de l'un d'entr'eux ? Choiseul, par exemple. Il faudrait dire qu'une destinée inévitable l'avait placé entre deux échafauds.

Echafaud, s'il fût resté en France, car la tyrannie d'alors eût mêlé son sang à celui de sa tante, de sa sœur et de son père.

Echafaud, s'il y est reporté, même par la tempête : ainsi en naissant, ou avant d'être né, il était condamné au dernier supplice.

Dans les Républiques anciennes, un arbre frappé de la foudre devenait sacré. Dans la République française, des hommes battus par la tempête, arrachés à la vague qui allait les engloutir, n'obtiendront-ils pas une portion de cette faveur ? Attenter à leur vie serait un procédé dont il faudrait défendre la nation contre elle-même, et qu'un ennemi de sa gloire pourrait seul lui suggérer.

Nous pourrions dire à ceux qui nous ont si ardemment secourus . . . . . . En nous ravissant à la fureur des flots, avez-vous entendu faire une conquête sur la mort, ou pour la mort ? Sont-ce les bras de l'humanité ou ceux des bourreaux qui se sont ouverts pour nous ? Alors reprenez vos funestes, vos affreux secours. Fussions-nous vos ennemis (ce qui n'est pas dans le fait), quand avez-vous le droit de nous tuer, lorsque vous nous saisissez les armes à la main ? S'il est indigne des lois de l'honneur de tuer un ennemi désarmé, qu'est-ce lorsque les flots vous le livrent sans défense ? lorsque vous le recueillez pour l'empêcher de périr ?

Répondrez-vous que vous ne saviez pas si nous étions des Français ? Hé bien, nous vous soutenons à vous-mêmes que quand vous l'auriez su, nous aurions également été secourus. Il est un sentiment indestructible dans l'homme qui le précipite vers son semblable prêt à périr, et cela antérieurement à tout examen, à toute réflexion, sans autre calcul que celui de le sauver ; et ce sentiment est plus vif en vous que chez les autres hommes.

Nous avons une autre réponse ; c'est qu'il fallait nous rendre aux flots dès que vous ne nous teniez que de la main des élémens, et que nous étions pour vous le présent de la tempête; le plus dur de vos droits était celui de ne pas nous secourir.

Encore quelques instans, et nous n'étions plus peut-être! Mais depuis le 24 brumaire, nous n'aurions pas été dans les tourmens de l'inquiétude (car l'innocence même en a, car elle connaît le supplice de l'incertitude); nous ne serions pas aujourd'hui exilés, en quelque sorte, sous la terre, dans des casemates plus que malsaines, où chacun de nous se sent détruire en détail, sous des gardiens dont l'œil semble blessé du peu de lumière qui nous arrive, et qui s'attachent à diminuer le volume d'air que nous respirons. Nous n'aurions pas vu plusieurs de nos camarades périr, et d'autres devenir fous; nous n'aurions pas vu chaque jour la coupe de l'espérance se briser dans nos mains.

Là, tout l'avenir pèse sur chaque heure, et le tems qui coule pour nous, semble, par sa lenteur, être un autre tems.

Si nous avions échoué sur une plage habitée par des sauvages (les seuls anthropophages exceptés), nous y aurions été reçus avec les égards dus à une grande infortune, et nous serions devenus membres de la famille. Nous réduirait-on à regretter de n'avoir pas été jetés chez des sauvages? Violerait-on des lois qui règnent sur tout le globe?

Serait ce contre des Naufragés, et pour les faire périr, que l'on blesserait le principe *non bis in idem?*

Ah! la postérité déchirerait avec horreur la page sur laquelle l'histoire aurait gravé ce scandale, et peut-être l'accuserait-elle de mensonge; car nous condamner, ce serait décider en d'autres termes que naufrager est un crime, et un crime qu'une absolution n'éteint pas.

Dans toutes les suppositions, la République peut-elle profiter d'un naufrage pour accroître le malheur? Que disons-nous encore *profiter;* ne serait-ce pas en abuser? La justice la plus rigoureuse peut-elle recevoir d'un élément un droit qu'elle serait dans l'impuissance d'exercer, s'il n'en avait remis les victimes entre ses mains? Un gouvernement juste, encore dans la virginité de son organisation, ne fait point de victimes; il est le pouvoir qui conserve.

Ici la République ne possède pas, elle n'est que dépositaire.

Oui, c'est un dépôt fait à la loyauté française; en abuserait-elle? Pour parler exactement, nous ne sommes point en son pouvoir, mais sous sa garde: nous ne sommes à Lille que parce nous avons été naufragés; nous n'y sommes donc que comme naufragés; cela est indivisible. Et quand réellement nous serions en son pouvoir, un pouvoir est-il un droit? Comment ne pas s'abandonner au sentiment qu'exige et qu'inspire une telle circonstance?

Demandez au plus féroce raisonneur si la République n'a pas déjà assez de mânes à appaiser; s'il peut être permis de forcer les principes les plus révérés à transiger avec les circonstances, pour faire encore arriver la hache, et toujours la hache et le licteur.

Demandez-lui si le simple silence des lois n'est pas l'agonie de la société, et si leur infraction n'en est pas la mort.

L'humanité s'honore trop d'une réponse faite à des ennemis naufragés par un gouverneur Espagnol, pour qu'il soit inutile de la rappeler.

« En 1746, le capitaine Edwards, commandant le vaisseau de » guerre anglais l'Elisabeth, ayant beaucoup souffert d'une tem- » pête sur les côtes de Cuba, et se trouvant sur le point de faire » naufrage, se réfugia dans le port de l'île, se présenta au gou- » verneur de la Havanne, et lui dit : Je viens vous livrer mon » navire, mes soldats, mes matelots et moi-même; je ne vous » demande que la vie pour mon équipage. Je ne commettrai » point, dit le commandant Espagnol, une action déshonorante. » Si nous vous eussions pris dans le combat, en pleine mer, » ou sur nos côtes, votre vaisseau serait à nous, vous seriez » nos prisonniers : mais battus par la tempête, et poussés dans » ces ports par la crainte du naufrage, j'oublie, et je dois oublier » que ma nation est en guerre avec la vôtre. *Vous êtes des*

» *hommes, et nous le sommes aussi; vous êtes malheureux, » nous vous devons de la pitié.* Déchargez donc avec assurance, » et radoubez votre vaisseau; trafiquez, s'il le faut, dans ce » port, pour les frais que vous devez payer; vous partirez ensuite, » et vous aurez un passeport jusqu'au-delà des Bermudes. Si vous » êtes pris après ce terme, le droit de la guerre vous aura mis » dans nos mains; mais en ce moment, je ne vois dans les » Anglais que des étrangers pour qui l'humanité réclame des » secours. »

Tous les siècles se souviendront de cette réponse, et c'est avec beaucoup de justice qu'il a été observé que ce jour le gouverneur de la Havanne *sut se constituer le magistrat du genre-humain.*

Le sentiment qu'il exprima repose dans les ames même les plus sèches, et attend seulement qu'on l'y réveille. Oui, des naufragés, par cela seul qu'ils ont été arrachés à la tempête, seraient dignes de vivre; et parce qu'elle n'a pu les submerger, elle devient leur sauve-garde.

Vous êtes des hommes, et nous le sommes aussi; vous êtes malheureux, nous vous devons de la pitié. Voilà le code. Une République naissante le violera-t-elle la première? et ne serait-il pas bien plus digne d'elle de creuser enfin une tombe à la haine, et d'élever un temple à la miséricorde?

A ces considérations si pénétrantes, vient s'unir la capitulation qui atteste que, toujours fidèles à notre ancienne patrie, nous nous étions engagés à ne jamais servir contre la France. Ce n'est pas là un simple tribut d'intentions, c'est un fait précis: combien d'ailleurs nous étions loin, en contractant cet engagement, de prévoir que jamais il serait connu du gouvernement français! et quand le naufrage n'aurait pas tout droit sur ses victimes, cette capitulation ne devrait-elle pas être à jamais notre égide, puisqu'elle met notre ame à nud, et la peint d'un seul trait?

S'il était permis d'entr'ouvrir le voile qui couvre les opérations des cabinets, très-probablement verrait-on que, pour notre échange, deux mille hommes ont été offerts, un plus grand nombre exigé, et que s'il eût été accordé, nous étions innocens. . . . . . Ames sensibles et droites, ne lisez pas cela.

L'adversité est devenue pour nous un titre de proscription; elle semble pour la première fois avoir armé la haine de concert avec le tems, et nous sommes rangés au nombre des grands criminels, parce que le ministère britannique a refusé la rançon demandée par le gouvernement français.

Que la puissance des mots est bornée! et comme les couleurs les plus fortes pâlissent devant notre situation!

Pour détruire tout ce qu'elle a d'intéressant, le citoyen Briot, dans une opinion récemment imprimée, oppose la péroraison du discours de l'orateur Lycurgue contre Léocrate.

C'est avoir peu la mesure des choses, que de rapprocher deux affaires que tout sépare. L'exactitude voulait que l'on citât le début avant la péroraison; et la nécessité va en être aperçue.

« Celui que je cite devant vous, dit Lycurgue, est si coupable, » qu'il n'est point d'accusation ni de punition qui puissent ré» pondre à l'énormité de son crime. Quelle peine, en effet, imagi» ner pour un lâche qui a délaissé la patrie, négligé de secourir » les temples de ses pères, abandonné les tombeaux de ses an» cêtres, livré ses compatriotes entre les mains des ennemis?. . . . . .
» Après la bataille de Chéronée, continue-t-il, vous vous étiez » tous assemblés tumultuairement; le peuple décida qu'on trans» porterait des campagnes les femmes et les enfans, et que les gé» néraux feraient garder la ville comme ils le jugeraient-à-propos, » par les Athéniens et par les étrangers établis à Athènes. Au mé» pris de ces ordres, Léocrate a recueilli tout ce qu'il avait d'effets, » et les a mis avec ses esclaves sur un vaisseau de transport; lui» même, sur le soir, accompagné d'Irénide sa maîtresse, il est sorti » par une porte obscure de la ville, a traversé le rivage, et ayant » gagné le navire qui l'attendait en mer, il a pris la fuite. . . . .
» Arrivé à Rhodes, avec le même empressement que s'il eût apporté

» à

» à sa ville une heureuse nouvelle, il annonce qu'Athènes est » prise, que le Pirée est assiégé, et qu'il s'est sauvé seul. »

Où est le point de contact?

Avons-nous déserté comme lui? Non; nous avons fui à l'époque du 2 septembre; au bruit de cette journée où chaque seconde était un crime, et que nos neveux effaceront, s'ils le peuvent, des fastes de la nation : alors la loi nous criait : . . . . . *Je ne puis plus ni vous protéger, ni rien vous garantir; pourvoyez à votre sûreté personnelle; je cesse de m'en charger.*

Avait-elle dit cela à Léocrate dans Athènes? Y massacrait-on dans les prisons? Et avait-il couru le danger d'y être conduit lors de sa désertion? Avait-il, comme plusieurs d'entre nous, pour perspective, l'échafaud?

Alors s'approchait ce décret, dont le nom avait été inconnu jusqu'alors aux oreilles humaines, le décret de la terreur, qui devait nous conduire à la mort; et parce que nous n'avons pas voulu offrir bénignement nos têtes aux assassins, et que, dans cette situation, nous avons saisi le seul parti qui pût nous rester, nous sommes des Léocrates! Ah! ce serait Lycurgue lui-même que nous choisirions pour juge, s'il était rappelé à la vie; et nous oserions lui dire.... Peut-il exister sur la terre une loi qui défende à l'homme de pourvoir à sa sûreté personnelle, lorsque la société ne s'en charge plus? et si cette loi existait, la justice naturelle ne l'effacerait-elle pas d'un trait rapide? car le moyen de punir un citoyen de l'impuissance de la société?

Léocrate était rentré après huit années d'absence, et rentré très-volontairement. Notre retour a-t-il été volontaire? et que pouvions-nous contre les flots mutinés? Placez-vous sur le rivage, voyez-nous arriver à demi-engloutis, et demandez-vous s'il peut exister un homme assez indigne de ce nom pour ajouter à la fureur des élémens.

Léocrate prétendait partager dans Athènes les douceurs de la paix avec ses concitoyens, qu'il avait abandonnés pour ne pas partager leurs périls.

Nous ne prétendons, nous, à aucun partage. Poussés par la tempête sur la plage, nous demandons à l'abandonner.

Allez, diriez-vous à Léocrate, allez implorer les Rhodiens. Permettez-nous de le faire; la grace est-elle donc trop grande?

A la vue de l'intervalle qui sépare les deux causes, quelle serait la réponse de Lycurgue?... « Léocrate, s'écrierait-il, ne fut pas même » condamné à l'exil (ce que le citoyen Briot a oublié de dire); et » il serait possible de ne pas vous absoudre! loin de vous accuser, » *moi*, je me serais levé pour vous défendre, si dans Athènes vous » eussiez trouvé un accusateur; et j'aurais sauvé à la Grèce l'ineffa- » çable honte d'avoir persécuté l'infortune, et de vous avoir réduits » à regretter la tempête. »

A côté du texte de Lycurgue que l'on nous oppose, plaçons la réflexion de Pausanias, qui, en parlant de l'autel de la Miséricorde qu'il avait vu à Athènes, dit: « La vie de l'homme est » si chargée de disgraces et de peines, que c'est la déesse qui » mériterait avoir le plus de crédit; toutes les Nations du monde » devraient lui offrir des sacrifices, parce que toutes les Nations » en ont un mutuel besoin. »

C'est cette réciprocité de besoins qui a établi en principe que des naufragés avaient droit au respect dû au malheur; et ce principe non écrit dans la législation, est vraiment comme l'image de Cassius, que l'on voyait si bien, parce qu'elle n'y était pas.

Jetés au sein de l'Afrique, peut-être aurions-nous pu échapper aux affreux habitans de ses déserts, et nous péririons sous la main des Français!

Si dans les lois japonaises il s'en trouvait une semblable à la résolution de Mansort, le gouvernement se hâterait de l'effacer.

Arrêtons-nous; au fond de tous les cœurs justes se trouve le jury qui doit nous absoudre, et on ne le corrompra pas.

Mais dans l'horrible supposition où tant de justes raisons ne seraient pas entendues, nous demanderions à subir la mort sur la côte, à la vue de cette cité embellie par tant de souvenirs intéressans, à qui aucun sentiment d'humanité ne fut jamais étranger, et à périr à l'endroit même où ses généreux habitans nous ont sauvés.

Nous chargerions nos enfans d'y faire un jour ériger une colonne, et d'y écrire en caractères ineffaçables. . . . . . *Ici furent immolés, en vertu d'un jugement par Commissaires, des Naufragés qui avaient été sauvés par les habitans de Calais, mis ensuite en jugement* (ce qui déjà était hors d'exemple), *et acquittés à l'unanimité par une commission militaire chargée de les juger sans appel. La France fut pour eux une Tauride.*

PRUGNON,

Chargé de pouvoirs.

www.ingramcontent.com/pod-product-compliance
Lightning Source LLC
LaVergne TN
LVHW020246230826
846091LV00006B/2267